Gioconda Belli

Zauber gegen die Kälte

Sortilegio contra el frío

Gioconda Belli

Zauber gegen die Kälte

Erotische Gedichte
poemas eróticos

Sortilegio contra el frío

Aus dem nicaraguanischen Spanisch
von Anneliese Schwarzer

Peter Hammer Verlag

Gioconda Belli, geboren in Managua, entstammt einem bürgerlichen Elternhaus. Sie lebt heute mit ihrem Mann in den USA. In den 70er Jahren nahm sie aktiv am politischen Widerstand gegen die Somoza-Diktatur teil. Sie gilt als eine der erfolgreichsten Autorinnen Lateinamerikas.
In deutscher Sprache liegen vor:
BEWOHNTE FRAU
Roman, 8. Auflage;
TOCHTER DES VULKANS
Roman, 4. Auflage;
WENN DU MICH LIEBEN WILLST
Gedichte, 3. Auflage.

Als Anfang der 70er Jahre in der Literaturbeilage der Tageszeitung „La Prensa" die ersten erotischen Gedichte der jungen Gioconda Belli erschienen, verursachten sie im katholisch-strengen Nicaragua einen Skandal. Die Autorin selbst nahm dies mit großer Gelassenheit hin, wurde sie doch gerade durch die wütenden Angriffe des Bürgertums in den wesentlichen Punkten ihres schriftstellerischen Anliegens bestätigt.
Heute ist Gioconda Belli eine der meistgelesenen Autorinnen Lateinamerikas.

Die Gedichte „Träume von Aladins Wunderlampe", „In der schmerzhaften Einsamkeit des Sonntags" und „Dies ist Liebe" sind dem Band „Wenn du mich lieben willst", Wuppertal: Peter Hammer Verlag 1985, entnommen, die Gedichte „Kleine Schule der Erotik", „Liebe in zwei Tempi", „Oktober", „Definitionen", „Gestern Nacht" und „Im Aquarium der Liebe" dem Band „Aus einer Rippe Evas", Wuppertal: Peter Hammer Verlag 1989.
Diese Gedichte wurden in die Neuauflage der beiden Bände („Wenn du mich lieben willst", 1993) in anderer Ausstattung nicht noch einmal aufgenommen.

I

Escribirte

Escribir, escribirte, dibujarte. Llenarte el pelo de todas
las palabras detenidas, colgadas en el aire, en el tiempo,
en aquella rama llena de flores amarillas del cortés cuya
belleza me pone los pelos de punta cuando vengo bajando
sola, por la carretera, pensando. Definir el misterio, el
momento preciso del descubrimiento, el amor, esta sensación
de aire comprimido dentro del cuerpo curvo, la explosiva felicidad
que me saca las lágrimas y me colorea los ojos,
la piel, los dientes, mientras voy volviéndome flor, enredadera,
castillo, poema, entre tus manos que me acarician y
me van deshojando, sacándome las palabras, volteándome
de adentro para afuera, chorreando mi pasado, mi infancia
de recuerdos felices, de sueños, de mar reventando contra
los años, cada vez más hermoso y más grande, más grande
y más hermoso.

Cómo puedo agarrar la ilusión, empuñarla en la mano y
soltártela en la cara como una paloma feliz que saliera
a descubrir la tierra después del diluvio; descubrirte hasta en
los reflejos más ignorados, irte absorbiendo lentamente,
como un secante, perdiéndome, perdiéndonos los dos, en la
mañana en la que hicimos el amor con todo el sueño, el olor,
el sudor de la noche salada en nuestros cuerpos, untándonos
el amor, chorreándolo en el piso en grandes olas inmensas,
buceándo en el amor, duchándonos con el amor que nos sobra.

Dich schreiben

Schreiben, dich schreiben, dich malen. Dir ins Haar flechten all die ungesprochenen Worte, aufgehängt in der Luft, in der Zeit, im Zweig gelber Blüten, deren Schönheit mir den Atem raubt, wenn ich allein, in Gedanken, die Straße durchschreite. Eine Erklärung finden für das Geheimnis, den exakten Moment der Entdeckung, für die Liebe, für das Preßluftgefühl im gebogenen Körper, für das berstende Glück, das mich zu Tränen erschüttert, mir die Augen rötet, die Haut, die Zähne, wenn ich Blume werde, Kletterpflanze, Burg, Gedicht unter deinen Händen, die mich streicheln und entblättern, mir die Worte entreißen, mich von innen nach außen kehren, und wenn meine Vergangenheit sich ergießt, meine glückliche Kindheit, die Erinnerung, die Träume, das Meer, das brausend gegen die Jahre schlägt, immer herrlicher und höher, herrlicher und höher.

Wie kann ich die Freude fassen, sie hoch schwingen lassen in der Hand, sie dir ins Gesicht schleudern wie eine glückliche Taube, die ausfliegt und Land sucht nach dem Regen, wie kann ich dich entdecken in den verborgenen Dingen, dich aufsaugen wie Löschpapier, mich verlieren, uns verlieren, wie an dem Morgen, als wir uns schlaftrunken liebten, im Schweiß und Geruch unserer Körper noch feucht von der salzigen Nacht, als wir uns salbten mit Liebe, sie auf dem Boden vergossen in großem gewaltigem Lachen, eintauchten in die Liebe und uns dann, mit dem Rest, der noch blieb, lange in Liebe uns duschten.

Amor de frutas

Déjame que esparza
manzanas en tu sexo
néctares de mango
carne de fresas;

Tu cuerpo son todas las frutas.

Te abrazo y corren las mandarinas;
te beso y todas las uvas sueltan
el vino oculto de su corazón
sobre mi boca.
Mi lengua siente en tus brazos
el zumo dulce de las naranjas
y en tus piernas el promegranate
esconde sus semillas incitantes.

Déjame que coseche los frutos de agua
que sudan en tus poros:

Mi hombre de limones y duraznos,
dáme a beber fuentes de melocotones y bananos
racimos de cerezas.

Tu cuerpo es el paraíso perdido
del que nunca jamás ningún Dios
podrá expulsarme.

Liebe von Früchten

Bedecken will ich
dein Geschlecht mit Äpfeln
Mangonektar
Erdbeerfleisch.

Dein Körper ist Frucht.

Umarm ich dich, so rollen Mandarinen
ich küsse dich und alle Trauben
ergießen den heimlichen Wein ihres Herzens
auf meinen Mund.
In deinen Armen spürt meine Zunge
den süßen Saft der Orangen
In deinen Beinen bewahrt der Granatapfel
seinen erregenden Samen.

Ich will die saftigen Früchte ernten
die im Schweiße deiner Poren reifen:

Mein Mann aus Pfirsich und Limonen
laß mich trinken aus den Quellen
der Aprikosen, Bananen und Trauben aus Kirsch.

Dein Körper ist das verlorene Paradies
aus dem mich nie
ein Gott wird vertreiben.

Y...

Y va naciendo
el pretexto para decir tu nombre
en la noche remojada,
tierna y húmeda
como la flor de grandes ojos abiertos
y pétalos palpitantes
en la que me envolví
en lo más profundo del sueño,
para dibujar tu nombre
en todos los rincones
donde he vivido y viviré

hasta que me lleve el viento,
como semilla,
a dar flor a tierras desconocidas
y me encarne quizás en la niña
que oirá historias
en las tardes iguales de Nicaragua
con el olor a tierra naciendo,
urdiendo en sus entrañas
la vida verde del trópico lujurioso
como yo, como vos,
como las hojas en que nos envolvimos
cuando nos arrojaron del paraíso.

Und ...

... und ich suchte
einen Vorwand, deinen Namen zu sprechen
in der nassen Nacht
die zart war und feucht
wie eine großäugige Blume
mit den zitternden Blüten
in die ich mich hüllte auf dem Grund meiner Träume.
Und ich malte deinen Namen
in alle Ecken der Räume
in denen ich lebte und leben werde
bis der Wind mich wie Samen verweht
um fremde Länder zum Blühen zu bringen.
Und vielleicht werde ich wiedergeboren in dem Kind
das Geschichten hört
den ganzen Nachmittag
wenn in Nicaragua die Erde zu duften beginnt
und ganz heimlich das grüne Leben
der wollüstigen Tropen webt
wie ich, wie du
wie die Blätter, in die wir uns hüllten
als man uns verscheuchte aus dem Paradies.

Como los malinches de mayo

Cuando tus manos me tocan
mi cuerpo se enciende
como los malinches de mayo
cimbrea como los trigales en el viento.

Cuando tus manos me tocan
el arpa que tengo dentro
se despierta, canta
y te quiero con toda la fuerza
de mi palabra – lluvia,
mi palabra – jilguero,
mi palabra – ciclón,
con todo ese universo
que dilata mis poros
y ríe en mis arterias,
que te doy, que me das
cuando tus manos me tocan,
cuando mis manos te tocan.

Wie Malinchenbäume im Mai

Wenn deine Hände mich fassen
erglüht mein Körper
wie im Mai die Malinchen
wogt wie ein Kornfeld im Wind.

Wenn deine Hände mich fassen
erwacht meine innere Harfe
und singt.
Und ich liebe dich mit aller Kraft
meines Wortes – Regen,
mein Wort – Stieglitz,
mein Wort – Wirbelsturm.
Ich liebe dich mit dem unendlichen All
das meine Poren weitet
und in meinen Arterien lacht.
Ich gebe es dir ganz, du gibst es mir ganz
wenn deine Hände mich fassen
wenn meine Hände dich fassen.

Eh, Hombre, amado mío

Eh, Hombre,
amado mío,
desecha ya los viejos mapas,
ven a recorrerme sobre ariscos caballos,
hincha las velas y descubre este nuevo continente
nacido entre cataclismos y catástrofes.
Escala estas montañas azules
para ver tu nombre inscrito en el horizonte;
húndete en los lagos y conoce los nacarados monumentos
a cada uno de tus besos.
Descifra los mensajes pintados en las grandes paredes
y ve aparecer tu risa en los árboles frutales
de esta tierra
donde como zumo vital
quiero guardarte siempre.

He, Mann, mein Geliebter

He, Mann,
mein Geliebter,
wirf endlich die alten Landkarten fort,
komm, bereise mich auf feurigen Pferden,
setze die Segel und entdecke den neuen Kontinent,
der geboren ist aus Kataklysmen, Katastrophen.
Besteige die blauen Berge,
sieh deinen Namen am Horizont;
versinke in den Seen und erkenne
die perlmuttnen Zeichen
zu jedem deiner Küsse.
Entziffere die Schriften an den großen Wänden
und sieh dein Lachen wachsen auf den Bäumen
dieser Erde,
die schwer sind von Frucht.
Dort will auf immer ich dich bewahren
als lebensspendenden Trank.

Dime

Dime que no me conformarás nunca,
ni me darás la felicidad de la resignación,
sino la felicidad que duele de los elegidos,
los que pueden abarcar el mar y el cielo con sus ojos
y llevar el Universo dentro de sus cuerpos:

Y yo te vestiré con lodo y te daré a comer tierra
para que conozcas el sabor de vientre del mundo.

Escribiré sobre tu cuerpo la letra de mis poemas
para que sientas en tí el dolor del alumbramiento.

Te vendrás conmigo: Haremos un rito del amor
y una explosión de cada uno de nuestros actos.

No habrán paredes que nos acorralen,
ni techo sobre nuestras cabezas.

Olvidaremos la palabra
y tendremos nuestra propia manera de entendernos;
ni los días, ni las horas podrán atraparnos
porque estaremos escondidos del tiempo en la niebla.

Versprechen

Versprich, daß du mich niemals sättigst,
mir nie das Glück der Ergebung schenkst,
sondern schmerzliches Glück der Erwählten,
die Meer und Himmel mit den Augen umfassen
und in ihrem Innern das Weltall tragen.

Und in Schlamm will ich dich kleiden,
dir Erde zu essen geben,
damit du weißt, wie er schmeckt, der Bauch der Welt.

In deinen Leib will ich graben die Lettern meiner Verse,
dich spüren zu lassen die Schmerzen der Geburt.

Du kommst mit mir: wir machen einen Ritus aus der Liebe
und eine Explosion aus jeder unsrer Taten.

Es werden keine Wände sein, die uns bedrängen
und kein Dach über unseren Köpfen.

Wir werden die Sprache vergessen
und uns auf eigene Weise verstehn,
weder Tag noch Stunde werden uns fangen,
im Nebel verstecken wir uns vor der Zeit.

Crecerán las ciudades,
se extenderá la humanidad invadiéndolo todo;
nosotros dos seremos eternos,
porque siempre habrá un lugar del mundo que nos cubra
y un pedazo de tierra que nos alimente.

Die Städte werden wachsen,
die Menschheit sich ausbreiten, alles durchdringen;
wir zwei werden ewig sein,
denn immer wird ein Ort sein auf der Welt,
der uns versteckt
und ein Stück Erde, welches uns ernährt.

Esperándolo

Por la mañana
me alzo como gacela
gozosa entre el monte
            esperándote.

Al medio día,
hundida entre flores,
voy dibujando
tu nombre en el vientre de agua del río.

En el crepúsculo,
llena de amor, me doblo
y luego voy a esperarte
a que vengas de noche,
a que vengas a posarte en mí como un pájaro
y ondees tu cuerpo
como bandera
sobre mi cuerpo.

Ihn erwarten

Am Morgen
erwache ich wie eine Gazelle
freudig im Busch
und warte auf dich.

Am Mittag,
vergraben zwischen Blumen,
male ich deinen Namen
in den Bauch der Flüsse.

In der Dämmerung,
bebend vor Liebe, ducke ich mich
und warte darauf,
daß du kommst in der Nacht,
daß du kommst und dich niederläßt
wie ein Vogel auf mir
und deinen Körper
über mir schwingst
wie eine Fahne.

II

Pequeñas lecciones de erotismo

I
Recorrer un cuerpo en su extensión de vela
Es dar la vuelta al mundo
Atravesar sin brújula la rosa de los vientos
Islas golfos penínsulas diques de aguas embravecidas
No es tarea fácil – sí placentera –
No creas hacerlo en un día o noche de sábanas explayadas
Hay secretos en los poros para llenar muchas lunas

II
El cuerpo es carta astral en lenguaje cifrado
Encuentras un astro y quizá deberás empezar
Corregir el rumbo cuando nubehuracán o aullido profundo
Te pongan estremecimientos
Cuenco de la mano que no sospechaste

III
Repasa muchas veces una extensión
Encuentra el lago de los nenúfares
Acaricia con tu ancla el centro del lirio
Sumérgete ahógate distiéndete
No te niegues el olor la sal el azúcar
Los vientos profundos cúmulos nimbus de los pulmones
Niebla en el cerebro
Temblor de las piernas
Maremoto adormecido de los besos

Kleine Schule der Erotik

I

Einen Körper bereisen in der Länge und Breite
Heißt die Welt umsegeln
Heißt ohne Kompaß die Windrose durchqueren
Inseln Golfe Halbinseln flutumspülte Deiche
Es ist nicht leicht – aber lustvoll –
Denk nicht es könnte an einem Tag gelingen
        oder in einer Nacht ausgebreiteter Laken
Die Poren bewahren Geheimnisse
        für die es viele Monde braucht

II

Ein Körper ist eine Himmelskarte verschlüsselter Zeichen
Du findest einen Stern dort mußt du vielleicht beginnen
Oder den Kurs wechseln wenn Windwolke und dunkles Heulen
Dich schaudern läßt
Oder unverhoffte Höhlung der Hand

III

Gehe immer wieder die gleiche Strecke
Finde den Seerosenteich
Streichle mit deinem Anker die Mitte der Lilie
Tauche ein ertrinke vergehe
Versage dir nicht den Duft das Salz die Süße
Die tiefen Winde Haufenwolken Nimbus der Lungen
Nebel im Hirn
Zittern in den Beinen
Meerbeben schläfriger Küsse

IV

Instálate en el humus sin miedo al desgaste
          sin prisa
No quieras alcanzar la cima
Retrasa la puerta del paraíso
Acuna tu ángel caído revuélvele la espesa
          cabellera con la
Espada de fuego usurpada
Muerde la manzana

V

Huele
Duele
Intercambia miradas saliva imprégnate
Da vueltas imprime sollozos piel que se escurre
Pie hallazgo al final de la pierna
Persíguelo busca secreto del paso forma del talón
Arco del andar bahías formando arqueador caminar
Gústalos

VI

Escucha caracola del oído
Cómo gime la humedad
Lóbulo que se acerca al labio sonido de la respiración
Poros que se alzan formando diminutas montañas
Sensación estremecida de piel insurrecta al tacto
Suave puente nuca desciende al mar pecho
Marea del corazón susúrrale
Encuentra la gruta del agua

IV

Dringe ein in den Humus ohne Eile
        ohne Angst vor dem Ende
Suche nicht den Gipfel
Verweile vor der Tür zum Paradies
Wiege deinen gefallenen Engel
Streichle ihm das Haar mit dem gestohlenen Feuerschwert
Beiße in den Apfel

V

Scherze
Schmerze
Tausche Blicke Speichel tauche unter
Winde dich schluchze schlüpfrige Haut
Fuß Fund am Ende der Beine
Verfolge ihn suche Geheimnis der Schritte Form der Ferse
Bogen des Schreitens Buchten gebogener Ballen
Schmecke ihn

VI

Lausche Ohrmuschel wie Feuchtigkeit wimmert
Läppchen nah an der Lippe Klang des Atems
Poren erhoben getürmt zu winzigen Bergen
Schauderndes Fühlen der Haut aufständisch unter Berührung
Sanfte Brücke zum Meer der Brüste
Flut des Herzens flüstere
Finde die Wassergrotte

VII

Traspasa la tierra del fuego la buena esperanza
navega loco en la juntura de los océanos
Cruza las algas ármate de corales ulula gime
Emerge con la rama de olivo llora socavando
ternuras ocultas
Desnuda miradas de asombro
Despeña el sextante desde lo alto de la pestaña
Arquea las cejas abre ventanas de la nariz

VIII

Aspira suspira
Muérete un poco
Dulce lentamente muérete
Agoniza contra la pupila extiende el goce
Dobla el mástil hincha las velas
Navega dobla hacia Venus
estrella de la mañana
– el mar como un vasto cristal azogado –
duérmete náufrago.

VII
Durchquere Feuerland Kap der Guten Hoffnung
Segele hüpfend im Treffen der Ozeane
Durchschreite die Algen rüste dich mit Korallen heule wimmere
Tauche auf mit dem Olivenzweig weine grabe
verborgene Zärtlichkeit
Entkleide staunende Blicke
Stürze den Sextanten von der Wimper
Ziehe Augenbrauen hoch öffne Nasenflügel

VIII
Atme seufze
Stirb ein wenig
Süß und langsam stirb
Erlösche an der Pupille dehne die Freude aus
Knicke den Mast hisse die Segel
Biege ab in Richtung Venus
Morgenstern
– das Meer wie ein Quecksilberspiegel –
Schlafe ein Schiffbrüchiger

Pequeñas lecciones de erotismo II

I

Así como el más apacible estanque
puede quebrar el cambiante reflejo del cielo
cuando la más leve brizna de hierba o viento
lo conmueven
y nunca repetirse
así la suave piel que te refleja
puede deshacerse en círculos concéntricos
la pierna tornarse ala con un leve toque
volar olvidada de Newton y sus manzanas
aparecer detrás del cuello
o apuntar al cielo
como brazo de una antigua estatua.

Kleine Schule der Erotik II

I

So wie der stille Teich
den wechselnden Widerschein des Himmels
bricht wenn der Wind oder ein Grashalm
ihn erschüttert
niemals sich gleich
so kann die weiche dich spiegelnde Haut
zerfließen in konzentrischen Kreisen
kann Flügel werden das Bein schon bei leiser Berührung
Newtons Äpfel vergessen und fliegen
hinter dem Nacken erscheinen
oder gen Himmel zeigen
wie der Arm eines alten Standbilds.

II

Rasgado el velo
cuando todo se asiente
cual líquida extendida plataforma
busca los pensamientos
el cáliz de las sensaciones
el retorcido laberinto blanco de los lóbulos
la división de los hemisferios
la cúpula ósea haciendo y deshaciendo
la copa del árbol
hunde tus dedos en la maraña vegetal
atraviesa las hebras
imagínate las doradas crines del maíz
reposa tu mano en esa dura redondez
donde toda filosofía se aloja
donde todo lo que de ti se ama está registrado
¿ No querrás acariciar la infancia desgarbada?
¿ Aquel recuerdo, aquella tarde?
¿ El secreto que acaso aún te guarda?
Deslízate por los delgados pasillos
pon tus táctiles yemas hondo
asiéntate en el centro de los destellos.

II

Wenn der Schleier zerreißt
wenn alles sich setzt
wie eine große flüssige Fläche
suche die Gedanken
den Kelch der Gefühle
der Ohren gewundenes weißes Gehäuse
die Teilung der Hemisphären
die knöcherne Kuppel bindend und lösend
die Krone des Baumes
Grabe deine Finger ins Dickicht der Pflanzen
durchdringe jede Faser
erschaue das Goldhaar des Korns
lege deine Hand auf die harte Rundung
wo alle Philosophie ihre Wohnung hat
wo alles an dir Geliebte bewahrt wird
Willst du nicht streicheln der Kindheit Ungeschick?
Jene Erinnerung, jenen Nachmittag?
Das Geheimnis, das sich deiner noch immer erinnert?
Gleite hinab durch die engen Flure
greife tief mit den Spitzen der Finger
setze dich in die Mitte der Funken.

III

Acércate despacio
al otro lado de la luna
la clara llanura
la sien frente donde rueda el ceño
despliega el manifiesto del gozo
ábrete a la serena acuosidad del iris
húndete en el fondo de la transparencia
mírate
bébete Narciso tu amante amada imagen
besa
hasta espesar el agua.

III
Nähere dich langsam
der anderen Seite des Mondes
der weiten Ebene
Schläfe Stirn wo die Braue rollt
entfalte das Manifest der Freude
öffne dich den stillen Wassern der Iris
sinke auf der Klarheit Grund
schau dich an
trinke Narziß dein liebend geliebtes Bild
küsse
bis das Wasser sich verdickt.

III

Soñando con la lámpara de Aladino

Siento que me voy a morir
de pensarte y quererte,
genio maravilloso:

> dónde estará mi lámpara de aceite,
> dónde el poder para frotarla y hacerte surgir
> en medio de mí
> armado de truenos y arco iris?
>
> dónde la mágica evocación,
> el ciclón que borre mis palabras malditas,
> el tiempo interpuesto entre nuestras sombras?

Froto mi corazón
para traerte entero hacia mí,
así tal como sos,
como te amo,
con todas tus queridas palabras,
tus rabias, tus silencios inquietantes,
la dulzura que descubrí
como inagotable panal de miel
para empalagarme y llorar de alegría
contra tu sombra dormida
en la almohada de la noche.

Träume von Aladins Wunderlampe

Ich glaube, ich sterbe
vor Liebe und Verlangen nach dir,
wunderbarer Geist:

> Wo ist meine Wunderlampe,
> wo die Kraft, sie zu reiben,
> damit du in meiner Mitte erscheinst,
> angetan mit Donner und Regenbogen?
>
> Wo ist die magische Anrufung,
> wo der Zyklon, der meine Verwünschungen tilgt,
> die Zeiträume zwischen unseren Schatten?

Ich reibe mein Herz,
um dich unversehrt zu mir zu bringen,
so wie du bist,
wie ich dich liebe,
mit all deinen geliebten Worten,
deinem Zorn, deinem beunruhigenden Schweigen
mit der Süße,
die mir wie eine unerschöpfliche Honigwabe erschien,
bis ich übersättigt vor Freude weinte
über deinem schlafenden Schatten
auf dem nächtlichen Kissen.

Amor redondo y definitivo como la curva del mundo,
no abandonés mi playa de veleros y naufragios,
ni las caracolas sonoras gritando esta pasión,
esta ternura como lengua larga sobre la arena,
brincá el erizo que quiso estorbar
la construcción de nuestra casa de algas marinas;
vos, amor, que has conocido de pantanos
y selvas y muertes,
no devolvás tus pasos
a la hosca soledad inalcanzable a mis gritos.

Yo instalaré mullidas alfombras
para que caminés sin tropiezos
y esperaré por años y siglos enteros
en cualquier casa sobre los árboles, a
que descifrés los mapas,
borrés la huella
y cantés otra vez, la tormenta
con la que me arrullabas en las noches.

Liebe rund und endgültig wie die Krümmung der Erde,
laß meinen Strand der Schiffe und Schiffbrüche,
laß die tönenden Muscheln nicht im Stich, die von unserer
Leidenschaft widerhallen
nicht die Zärtlichkeit, wenn sie über den Sand leckt
und das Stacheltier vertreibt, das uns stören will
beim Bau unseres Algenhauses;
du, Geliebter, der du Sümpfe kennst
und Wälder und Tode,
wende nicht deinen Schritt ab
von der dunklen Einsamkeit,
meinem Schreien unerreichbar.

Ich werde weiche Teppiche ausbreiten,
damit du angenehm gehen kannst,
werde durch Jahre und ganze Jahrhunderte hindurch
in einem beliebigen Haus über den Bäumen darauf warten,
daß du die Karten entzifferst,
die Spur verwischst,
und wieder ihn singst, den Sturm,
der mich in Schlaf wiegt in den Nächten.

En la doliente soledad del domingo

Aqui estoy,
desnuda,
sobre las sábanas solitarias
de esta cama donde te deseo.

Veo mi cuerpo,
liso y rosado en el espejo,
mi cuerpo
que fue ávido territorio de tus besos,
este cuerpo lleno de recuerdos
de tu desbordada pasión
sobre el que peleaste sudorosas batallas
en largas noches de quejidos y risas
y ruidos de mis cuevas interiores.

Veo mis pechos
que acomodabas sonriendo
en la palma de tu mano,
que apretabas como pájaros pequeños
en tus jaulas de cinco barrotes,
mientras una flor se me encendía
y paraba su dura corola
contra tu carne dulce.

In der schmerzhaften Einsamkeit des Sonntags

Hier nackt
liege ich auf dem einsamen
Laken meines Betts
und begehre dich.

Sehe meinen Leib
rosa und glatt im Spiegel,
meinen Leib,
der ein gieriger Boden für deine Küsse war,
dieser Leib satt vor Erinnerung
an deine überschäumende Leidenschaft,
auf dem du in langen Nächten
schweißtreibende Gefechte ausgetragen hast,
unter Stöhnen und Lachen
und Geräuschen
aus meinen inneren Gewölben.

Sehe meine Brüste,
die du lächelnd in deine Hand gepackt,
wie kleine Vögel in deinem Käfig
aus fünf Gitterstäben gehalten hast,
während mir eine Blume wuchs,
und ihre harte Knospe
gegen deine zarte Haut drängte.

Veo mis piernas,
largas y lentas conocedoras de tus caricias,
que giraban rápidas y nerviosas sobre sus goznes
para abrirte el sendero de la perdición
hacia mi mismo centro
y la suave vegetación del monte
donde urdiste sordos combates
coronados de gozo,
anunciados por descargas de fusilería
y truenos primitivos.

Me veo y no me estoy viendo,
es un espejo de vos el que se extiende doliente
sobre esta soledad de domingo,
un espejo rosado,
un molde hueco buscando su otro hemisferio.

Llueve copiosamente
sobre mi cara
y sólo pienso en tu lejano amor
mientras cobijo
con todas mis fuerzas,
la esperanza.

Sehe meine Beine,
lange, bedächtige Genießer deiner Liebkosungen,
die bald aufgeregt in ihren Gelenken kreisten,
um dir den Weg zur Wollust zu öffnen,
gerade zu meinem Zentrum,
zum weichen Gebüsch auf dem Hügel,
wo du genußsüchtig einen stummen Kampf anfingst,
eingeleitet von Gewehrsalven
und urtümlichem Donner.

Ich sehe und sehe nicht,
dein Spiegelbild liegt schmerzhaft
auf dieser Einsamkeit des Sonntags,
ein rosa Spiegel,
eine Hohlform, die nach Ausfüllung verlangt.

Es regnet in Strömen
auf mein Gesicht,
ich denke an nichts als an deine ferne Liebe,
und decke mit aller Kraft
die Hoffnung
warm zu.

Amor en dos tiempos

I

Mi pedazo de dulce de alfajor de almendra
mi pájaro carpintero serpiente emplumada
colibrí picoteando mi flor bebiendo mi miel
sorbiendo mi azúcar tocándome la tierra
el anturio la cueva la mansión de los atardeceres
el trueno de los mares barco de vela
legión de pájaros gaviota rasante níspero dulce
palmera naciéndome playas en las piernas
alto cocotero tembloroso obelisco de mi perdición
tótem de mis tabúes laurel sauce llorón
espuma contra mi piel lluvia manantial
cascada en mi cauce celo de mis andares
luz de tus ojos brisa sobre mis pechos
venado juguetón de mi selva de madreselva y musgo
centinela de mi risa guardián de los latidos
castañuela cencerro gozo de mi cielo rosado
de carne de mujer mi hombre vos único talismán
embrujo de mis pétalos desérticos vení otra vez
llamame pegame contra tu puerto de olas roncas
llename de tu blanca ternura silenciame los gritos
dejame desparramada mujer.

Liebe in zwei Tempi

I

Mein Stück Süße von der Mandelschnitte
mein Specht gefiederte Schlange
Kolibri, der meine Blume schnäbelt meinen Honig trinkt
meinen Zucker schlürft mir die Erde berührt
Anturio die Höhle das Haus der Abenddämmerungen
der Donner der Meere Segelschiff
Legion von Vögeln Möwe im Tiefflug süße Mispel
Palme die meinen Beinen Strände gebiert
hoher Kokosmast, bebender Obelisk meines Untergangs
Totem meiner Tabus Lorbeer Trauerweide
Schaum an meiner Haut Regen Quelle
Kaskade in mein Bachbett Brunst meiner Umtriebe
Licht deiner Augen Brise auf meinen Brüsten
verspielter Hirsch in meinem Wald aus Geißblatt und Moos
Wächter meines Lachens Schutz des Pochens
Kastagnette Schelle Jubel meines Rosenhimmels
aus Frauenfleisch mein Mann du einziger Talisman
Zauber meiner wüstenhaften Blätter komm noch einmal
ruf mich drück mich an deinen Hafen der heiseren Wellen
Erfüll mich mit deiner weißen Zärtlichkeit ersticke meine Schreie
Laß mich aufgelöste Frau sein.

II

Campanas sonidos ulular de sirenas
suelto las riendas galopo carcajadas
pongo fuera de juego las murallas
los diques caen hechos pedazos salto verde
la esperanza el cielo azul sonoros horizontes
que abren vientos para dejarme pasar:
„Abran paso a la mujer que no temió las mareas del amor
ni los huracanes del desprecio“
Venció el vino añejo el tinto el blanco
salieron brotaron las uvas con su piel suave
redondez de tus dedos llovés sobre mí
lavás tristeza reconstruís faros bibliotecas
de viejos libros con hermosas imágenes
me devolvés el gato risón Alicia el conejo
el sombrero loco los enanos de Blancanieves
el lodo entre los dedos el hálito de infancia
estás en la centella en la ventana desde donde
nace el árbol trompo tacitas te quiero te toco
te descubro caballo gato luciérnaga pipilacha
hombre desnudo diáfano tambor trompeta hago música
bailo taconeo me desnudo te envuelvo me envuelves
besos besos besos besos besos besos besos besos
silencio sueño.

II

Glocken Geräusche Sirenengesang
los laß ich die Zügel galoppiere Gelächter
setze die Mauern aus dem Spiel
Staudämme fallen in Stücke ich springe grün
die Hoffnung blau der Himmel sonore Horizonte
die sich in Winden auftun mich hindurchzulassen:
„Gebt frei den Weg der Frau, die nicht die Strudel der
Liebe fürchtete, noch die Orkane der Verachtung"
Gesiegt hat der alte Jahrgangswein der rote der weiße
es kamen es keimten die Trauben mit ihrer weichen Haut
die Rundung deiner Figur du regnest auf mich
wäscht ab die Trauer erbaust wieder Leuchttürme Bibliotheken
alter Bücher mit wunderschönen Bildern
gibst mir den Grinsekater zurück Alice den Hasen
den verrückten Hut Schneewittchens Zwerge
den Matsch zwischen den Fingern den Hauch der Kindheit
du bist in dem Blick am Fenster aus dem der Baum entsteht,
der Kreisel, die kleinen Tassen, ich liebe dich, berühre dich
entdecke in dir den Hengst Kater Glühwürmchen Libelle
nackter Mann durchscheinend Trommel Trompete ich mach Musik
tanze stampfe entkleide mich umhülle dich du umhüllst mich
Küsse Küsse Küsse Küsse Küsse Küsse Küsse Küsse
Schweigen Schlaf.

Octubre

Octubre me toca estar sin vos
entonces te ciño me preño de tu última mano
la puerta entornada la mirada sobre la cama
la madrugada por donde saliste
dejaste siembra en mi piel semilla de tu nombre
te vas para volver aparecés a veces en la noche
te veo nebuloso en las ventanas del sueño
to oigo desde lejos contando cosas
días que no me has tenido
miradas que traerás
cuando vuelva la llave a la cerradura
y encuentre tu gesto el desorden los timbres
sacándome mi preñez de atrapadas imágenes
el día con un sol de los dos
la noche con la luna redonda
la tinta de todos los cuentos
qué hiciste qué hice paisajes de yeso costas
arrecifes manteles de cuadros mi mano en tu mano
reloj que late en mi vientre cerezas fresas
frutas que guardo almíbar ardiente
afino el abrazo triángulo la puntería de los besos
espero la puerta la mano los ojos diciendo
el regreso.

Oktober

Im Oktober trifft mich das Los ohne dich zu sein.
Dann gürte ich dich schwängere mich von deiner letzten Hand
die Tür halboffen der Blick auf dem Bett
das Morgengrauen durch das du verschwandest
die Saat sätest auf meiner Haut Samen deines Namens
du gehst und kehrst wieder erscheinst zuweilen in der Nacht
ich sehe dich nebelhaft in den Fenstern des Traums
ich höre dich von weitem etwas sagen
Tage an denen du mich nicht hattest
Blicke die du mitbringst
wenn ich den Schlüssel drehe im Schloß
und deine Gesten finde die Unordnung die Klingeln
und du mich entschwängerst der gefangenen Bilder entledigst
der Tag mit einer Sonne von beiden
die Nacht mit dem runden Mond
die Tinte aller Geschichten
die du schreibst die ich schrieb Gipslandschaften Küsten
Riffe gewürfelte Tischdecken meine Hand in deiner Hand
tickende Uhr in meinem Bauch Kirschen Erdbeeren
süße Früchte heißer Sirup
ich stimme die Umarmung im Dreieck ziele die Küsse
warte die Tür die Hand die Augen spreche
die Rückkehr.

Definiciones

Podríamos tener una discusión sobre el amor.
Yo te diría que amo la curiosa manera
en que tu cuerpo y mi cuerpo se conocen,
exploradores que renuevan
el más antiguo acto del conocimiento.

Diría que amo tu piel y que mi piel te ama,
que amo la escondida torre
que de repente se alza desafiante
y tiembla dentro de mí
buscando la mujer que anida
en lo más profundo de mi interior de hembra.

Diría también que amo tus ojos
que son limpios y también me penetran
con un vaho de ternura o de preguntas.

Diría que amo tu voz
sobre todo cuando decís poemas,
pero también cuando sonás serio,
tan preocupado por entender
este mundo tan ancho y tan ajeno.

Definitionen

Wir könnten über Liebe sprechen.
Ich würde dir sagen,
mir gefällt die seltsame Art
in der dein Körper und meiner sich kennen
Pfadfinder die noch einmal
den uralten Weg der Erkenntnis erforschen.

Ich würde dir sagen
ich liebe deine Haut
und meine Haut liebt dich
deinen versteckten Turm
der sich plötzlich erhebt
und erzittert in mir
auf der Suche nach der Frau
die im tiefsten Innern meiner Weiblichkeit nistet.

Und ich würde dir sagen
ich liebe deine Augen
die rein sind und mich gleichfalls durchdringen
zart oder mit einem Hauch von Fragen.

Ich würde dir sagen
ich liebe deine Stimme
vor allem wenn sie Gedichte spricht
doch auch wenn du ernst klingst
so bemüht diese Welt zu verstehen
die weit ist und fremd.

Diría que amo encontrarte
y sentir dentro de mí
una mariposa presa
aleteándome en el estómago
y muchas ganas de reírme
de la pura alegría de que existía y estás,
de saber que te gustan las nubes
y el aire frío de los bosques de Matagalpa.

Podríamos discutir si es serio todo esto que te digo.
Si es una quemadura leve, de segundo, tercer o primer grado.
Si hay o no que ponerle nombre a las cosas.
Yo sólo una simple frase afirmo.
Te amo.

Ich würde dir sagen
ich liebe, wenn ich dich sehe,
das Schmetterlingsflattern in meinem Magen
die Lust zu lachen
aus Freude daß ich bin und es dich gibt
und daß ich weiß, dir gefallen die Wolken
und die kalte Luft der Wälder von Matagalpa.

Wir könnten darüber sprechen
ob dies alles ernst ist was ich dir sage.
Ob die Verbrennung leicht ist
zweiten dritten oder ersten Grades
Ob man die Dinge beim Namen nennen muß oder nicht.
Ich sage dir nur diesen einzigen Satz:
Ich liebe dich.

Esto es amor

„Esto es amor, quien lo probó, lo sabe.“
Lope de Vega

La mente se resiste a olvidar las cosas hermosas,
se aferra a ellas y olvida todo lo doloroso,
mágicamente anonadada por la belleza.

No recuerdo discursos contra mis débiles brazos,
guardando la exacta dimensión de tu cintura;
recuerdo la suave, exacta, lúcida transparencia de tus manos,
tus palabras en un papel que encuentro por allí,
la sensación de dulzura en las mañanas.

Lo prosaico se vuelve bello
cuando el amor lo toca con sus alas de Fénix,
ceniza de mi cigarro que es el humo
después de hacer el amor,
o el humo compartido,
quitado suavemente de la boca sin decir nada,
intimamente conociendo que lo del uno es del otro
cuando dos se pertenecen.

Dies ist Liebe

„Dies ist Liebe, das weiß, wer es erfuhr."
Lope de Vega

Dem Kopf widerstrebt, das Schöne zu vergessen,
hartnäckig hält er daran fest, vergißt das Schmerzliche,
als ob Schönheit es magisch auflöse.

Ich erinnere mich nicht mehr an diese Vorträge
über meine schwachen Arme, sie umspannten
gerade deine Taille, ich erinnere mich
an die helle, genaue, weiche Durchsichtigkeit deiner Hände,
an deine Worte auf einem Stück Papier dort hinten,
an das Gefühl von Süße in den Morgenstunden.

Das Prosaische wird schön,
wenn es die Liebe mit Phönixflügeln berührt,
Asche meiner Zigarette, Rauch
nach dem Lieben, gemeinsamer Rauch,
der ohne Sprechen langsam aus dem Mund quillt,
wissend, was des einen ist, ist des andern,
wenn zwei sich zugehören.

No te entiendo y quisiera odiarte
y quisiera no sentir como ahora
el calor de las lágrimas en mis ojos
por tanto rato ganado al vacío,
al hastío de los días intrascendentes,
vueltos inmortales en el eco de tu risa
y te amo monstruo apocalíptico de la biblia de mis días
y te lloro con ganas de odiar
todo lo que alguna vez me hizo sentir
flor rara en un paraíso recobrado
donde toda felicidad era posible
y me dolés en el cuerpo sensible y seco de caricias,
abandonado ya meses al sonido de besos
y palabras susurradas o risas a la hora del baño.

Te añoro con furia de cacto en el desierto
y sé que no vendrás
que nunca vendrás
y que si venís seré débil como no deberiá serlo ya más,
y me resisto a crecerme en roca,
en Tarpeya,
en espartana mujer arrojando su amor lisiado para que no viva
y te escondo y te cuido en la oscuridad
y entre las letras negras de mis escritos
volcados como río de lava entre débiles rayas azules de cuaderno
que me recuerdan que la línea es recta
pero que el mundo es curvo
como la pendiente de mis caderas.

Ich verstehe dich nicht, ich möchte dich hassen,
möchte nicht so wie jetzt
das Brennen der Tränen in meinen Augen spüren, nach langer Zeit
endlich der Leere abgerungen, dem Überdruß nichtssagender Tage,
so unvergänglich durch das Echo deines Lachens,
und ich liebe dich,
apokalyptisches Ungeheuer aus der Bibel meiner Tage,
und weine dir nach und habe gleichzeitig
Lust, alles zu hassen, was mich einmal eine Blume
im wiedergefundenen Paradies sein ließ,
wo das vollkommene Glück möglich war.
Ich fühle dich schmerzhaft im Körper, der so empfindlich
und trocken ohne Liebkosungen ist,
monatelang schon Geräuschen ausgesetzt
von Küssen, geraunten Worten, Lachen zur Badestunde.

Ich sehne mich mit der Gier der Wüstenpflanze nach dir
und weiß, daß du nicht kommst
und niemals kommen wirst,
und wenn du kommst, werde ich schwach sein, und das wäre nicht gut,
dennoch will ich nicht zu einem tarpeyischen Felsen werden,
keine Frau aus Sparta, die ihre verletzte Liebe tötet, um zu leben,
ich verstecke und bewahre dich im Dunkeln
und in den schwarzen Buchstaben meiner Manuskripte,
wie Lavaflüsse in die blaßblauen Linien des Schreibhefts gezwängt,
und werde daran erinnert, daß eine Linie gerade ist,
die Welt aber gebogen,
wie meine Hüftlinie.

Te amo y te lo grito estés donde estés,
sordo como estás
a la única palabra que puede sacarte del infierno
que estás labrando como ciego destructor
de tu íntima y reprimida ternura que yo conozco
y de cuyo conocimiento
ya nunca podrás escapar.

Y sé que mi sed sólo se sacia con tu agua
y que nadie podrá darme de beber
ni amor, ni sexo, ni rama florida
sin que yo le odie por querer parecérsete
y no quiero saber nada de otras voces
aunque me duela querer ternura
y conversación larga y entendida entre dos
porque sólo vos tenes el cifrado secreto
de la clave de mis palabras
y sólo vos parecés tener
el sol, la luna, el universo de mis alegrías
y por eso quisiera odiarte como no lo logro,
como sé que no lo haré
porque me hechizaste con tu mochila de hierbas
y nostalgias y chispa encendida
y largos silencios
y me tenés presa de tus manos mercuriales
y yo me desato en Venus con tormentas de hojarasca
y ramas largas y mojadas como el agua de las cañadas
y el ozono de la tierra que siente venir la lluvia
y sabe que ya no hay nubes, ni evaporización,
ni ríos,
que el mundo se secó
y que no volverá jamás a llover,
ni habrá ya nieve o frío o paraíso
donde pájaro alguno pueda romper
el silencio del llanto.

Ich liebe dich und schreie es dir zu, wo immer du bist,
taub wie du bist,
taub für das einzige Wort, das dich herausholt
aus deiner selbstgeschaffenen Hölle, blinder
Zerstörer deiner eigentlichen,
unterdrückten Zärtlichkeit.
Ich kenne sie, und daß ich sie kenne,
dem kannst du nicht ausweichen.

Ich weiß auch, daß meinen Durst nur dein Wasser stillt,
niemand kann mir zu trinken geben,
weder Liebe, noch Leidenschaft, noch ein blühender Zweig,
ohne daß ich ihn haßte, weil er dir ähnlich sein will.
Und ich möchte nichts wissen von anderen Stimmen,
so sehr ich auch Zuneigung
und lange, verständnisvolle Gespräche brauche,
denn du allein hast den Schlüssel zum Geheimnis meiner Worte,
und offenbar du allein bestimmst
über die Sonne, den Mond und das Universum meiner Freuden.
Darum strenge ich mich an, dich zu hassen,
aber es gelingt mir nicht,
ich weiß auch, daß ich dich niemals hassen werde,
du hast mich aus deinem Kräutersack verhext,
mit Erinnerung, Witz,
langem Schweigen,
und hältst mich in deinen quecksilbrigen Händen gefangen,
und ich löse mich auf in Venus unter Stürmen von Laub,
großen Ästen, feucht wie triefende Hohlwege
und Ozon der Erde, wenn sie den nahen Regen ahnt,
und doch weiß, daß es keine Wolken mehr gibt,
keine Verdunstung,
keine Flüsse,
daß die Welt vertrocknet ist,
niemals regnet es wieder,
keinen Schnee wird es geben, keine Kälte, kein Paradies,
worin irgendein Vogel
die Stille der Trauer
stört.

Anoche

Anoche tan solo
parecías un combatiente desnudo
saltando sobre arrecifes des sombras
Yo desde mi puesto de observación
en la llanura
te veía esgrimir tus armas
y violento hundirte en mí
Abría los ojos
y todavía estabas como herrero
martillando el yunque de la chispa
hasta que mi sexo explotó como granada
y nos morimos los dos entre charneles de luna.

Gestern nacht

Gestern nacht erst
warst du wie ein nackter Kämpfer
der über dunkle Felsen sprang.
Ich, auf meinem Beobachtungsposten
in der Ebene
sah dich deine Waffen schwingen
und heftig in mich dringen.
Ich öffnete die Augen
und noch immer warst du ein Schmied
der den Funkenamboß schlug
bis mein Geschlecht explodierte wie eine Granate
und wir beide starben im Mondsplitterhagel.

Peceras del amor

Nuestros cuerpos de peces
se deslizan uno al lado del otro.
Tu piel acuática nada en el sueño
junto a la mía
y brillan tus escamas en la luz lunar
filtrándose por las rendijas.
Seres traslúcidos flotamos
confinados al agua de nuestros alientos confundidos.
Aletas de piernas y brazos se rozan en la madrugada
en el oxígeno y el calor
que sube de las blancas algas
conque nos protegemos del frío.
En algún momento de la corriente
nos encontramos
lucios peces se acercan a los ojos abiertos
peces sinuosos reconociéndose las branquias agitadas.

Muerdo el anzuelo de tu boca
y poco después despierto
pierdo la aleta dorsal
las extremidades de sirena.

Im Aquarium der Liebe

Unsere fischigen Körper
schlängeln sich einer am anderen.
Deine Wasserhaut schwimmt im Schlaf
neben der meinen
deine Schuppen leuchten im mondigen Licht
das einfällt durch die Ritzen
Durchsichtige Wesen schweben wir
hineingeworfen in das Wasser unseres vereinten Atems.
Die Flossen unserer Arme und Beine berühren sich im Morgengrauen
im Sauerstoff und der Wärme
die aufsteigt aus den weißen Algen
mit denen wir uns schützen vor Kälte.
An irgendeinem Punkt der Strömung
finden wir uns
glänzende Fische nähern sich den offenen Augen
winden sich und beschnuppern die bebenden Kiemen.

Ich schnappe nach dem Angelhaken deines Mundes
werde wach
und verliere die Rückenflosse
den Schwanz der Sirene.

IV

Embestida a mi hombro izquierdo

Se van tus manos sobre mi mirada
la sostienes, la sueltas.
Embistes mi hombro izquierdo,
lo sitias desde el cuello,
lo asaltas con las flechas de tu boca.
Embistes mi hombro izquierdo
feroz y dulcemente a dentelladas.
Nos va envolviendo el amor
con su modo redondo
de hacer pasar el tiempo entre los besos
y somos dos volutas de humo
flotando en el espacio
llenándolo con chasquidos y murmullos
o suavemente quedándonos callados
para explorar el secreto profundo de los poros
para penetrarlos en un afán de invasión
de descorrer la piel
y encontrar nuestros ojos
mirándonos desde la interioridad de la sangre.
Hablamos un lenguaje de jeroglíficos
y me vas descifrando sin más instrumentos
que la ternura lenta de tus manos,
desenredándome sin esfuerzo,
alisándome como una sábana recién planchada,
mientras yo te voy dando mi universo;
todos los meteoritos y las lunas
que han venido gravitando en la órbita de mis sueños,
mis dedos llenos del deseo de tocar las estrellas
los soles que habitan en mi cuerpo.

Angriff auf meine linke Schulter

Sacht gleiten deine Hände über meinen Blick,
du hältst ihn, du läßt ihn.
Du startest einen Angriff auf meine linke Schulter,
belagerst sie vom Hals her,
bestürmst sie mit den Pfeilen deines Mundes.
Du überfällst meine linke Schulter
wild und süß mit dem Biß deiner Zähne.
Langsam umhüllt uns die Liebe
auf ihre runde Art,
die Zeit zu vertreiben mit Küssen.
Wie zwei Rauchspiralen
schweben wir im Raum,
füllen ihn mit Knistern und Flüstern
oder verstummen ganz langsam und sacht,
erforschen das tiefe Geheimnis der Poren,
durchdringen sie gierig, reißen fort die Haut,
um endlich unsere Augen zu finden
und uns anzuschauen aus der Tiefe unseres Blutes.
Wir reden in Hieroglyphen,
doch um mich zu entziffern, brauchst du nichts
als die langsame Zärtlichkeit deiner Hände,
du entwirrst mich ohne Mühe,
streichst mich glatt wie ein frischgebügeltes Laken.
Dafür schenke ich dir mein Universum,
alle die Meteore und Monde,
die schon lange meine Träume umkreisen,
meine Finger voll Sehnsucht, nach den Sternen zu greifen
und die Sonnen, die meinen Körper bewohnen.

Una mansa sonrisa empieza a subirme por los tobillos,
se va riendo en mis rodillas
sube recorriendo mi corteza de árbol
llenándome de capullos reventados de gozo transparente.
El aire que sale de mis pulmones va risueño
a vivir en el viento de la noche
mientras de nuevo embistes mi hombro izquierdo,
feroz
y dulcemente
a dentelladas.

Ein leises Lächeln steigt aus meinen Knöcheln empor,
lacht in meinen Knien,
kriecht höher an meiner Baumrinde entlang
und erfüllt mich mit berstenden Knospen
durchsichtiger Freude.
Die Luft meiner Lungen beschließt heiter
im Nachtwind zu wohnen.
Du überfällst noch einmal meine linke Schulter,
wild
und süß
mit dem Biß deiner Zähne.

Certezas de la noche

La madrugada oscura aún no tiene nombre
No hay luz en la ventana
Sólo siluetas de árboles dormidos
Duermen de pie erectos reposando
Tu y yo dormimos flanco contra flanco.

Me resbalo en tu piel
Oscilo entre sus curvas esbozadas apenas
Tu callas no me sientes estás al otro lado de la noche
en un país de niebla con deslumbres
Piensas que andas que hablas que vives otras vidas
Al lado tuyo yo sé que no te has ido
pero contemplo dulce tu silueta yerta abandonada
tu noble cráneo donde reposan imágenes comunes
paisajes compartidos tuneles plazas tiempo
Aún en el silencio siento que me acompañas
que estás aquí tibio pertinaz seguro
No me resisto y te toco la espalda
busco tu mano me acurruco en el cuenco de tu nuca
te mueves me recibes sin palabras
ningún paisaje quimera o sueño nos separa.

Nächtliche Gewißheit

Noch ohne Namen der Morgen
Lichtlos das Fenster
Nur die Schatten schlafender Bäume
Stehen aufrecht und still
Du und ich schlafen Flanke an Flanke.

Ich flute an deiner Haut
Schwanke zwischen ihren kaum sichtbaren Kurven
Du schweigst spürst mich nicht bist auf der anderen Seite der Nacht
In einem Nebelland der Täuschung
Läufst du und sprichst du lebst andere Leben
Doch ich weiß du bist hier
Sanft an meiner Seite dein matter Körper
Dein edler Schädel birgt in Bildern uns beide
Geteilte Landschaften Tunnel Plätze und Zeit
Selbst in der Stille weiß ich dich bei mir
Stets warm und sicher
Ich zügle mich nicht länger berühre deinen Rücken
Suche deine Hand berge mich in der Höhlung deines Halses
Du bewegst dich mich wortlos zu empfangen
Kaum Traumland kein Trugbild trennt uns.

Del límite de las exploraciones vegetales

De la tierra a tus pies
hago el recorrido imaginario de las raíces.
Cuando vengan las lluvias
y la semilla de mis labios florezca húmeda
ascenderé confundida con linfa y nervios
hasta tus rodillas;
esconderé en el líquido sinovial
la secreta voluntad de seguirte en puntillas
y penetrar las horas desconocidas
cuando lejos de mí tu vida transcurre en calles anónimas
Saciada la curiosidad de Diosa fisgona e impertinente
ascenderé desde tus piernas
a los planetas secretos y redondos
al reloj de tu sexo con su péndulo trascendental y esquivo
En el mar de la vida blanco y sin olas conoceré tus múltiples rostros
y exploraré con dedos de flor el cauce leve por donde la eternidad
vierte sus arcanos designios
No reposaré en tus entrañas activas y laboriosas
sino para mirar como se fragua en laberintos interminables
el ciclo del provecho y el desperdicio
Preferiré el aire ocupado de los pulmones
y su íntimo parentesco con las hojas; las colmenas de alveolos
comunicando rojos mensajes a la sangre

Von den Grenzen pflanzlicher Erforschung

Von der Erde zu deinen Füßen
spüre ich in Gedanken den Wurzeln nach.
Wenn die Regen beginnen
und der Samen meiner Lippen feucht aufgeht
krieche ich, zwischen Lymphe und Nerven verborgen
hinauf in dein Knie
verstecke im Saft der Gelenke
die heimliche Absicht, dir zu folgen auf Zehenspitzen
einzudringen in die unbekannten Stunden
und namenlosen Straßen deines Lebens.
Endlich befriedigt die Neugier der dreist schnüffelnden Göttin
steige ich beinauf
in die heimlichen runden Planeten
in das Uhrwerk deines Geschlechts, in ihr scheues flüchtiges Pendel.
Im Meer des Lebens, wellenlos weiß, sehe ich deine zahllosen Züge
erforsche mit zarten Fingern die Pfade
auf denen die Ewigkeit
ihren dunklen Vorsatz verfolgt.
In den inneren Räumen fleißiger Arbeit
verweile ich nicht länger als nötig, gerade genug
um in unendlichen Labyrinthen
einen Blick zu werfen auf den Zyklus von Halten und Lassen.
Lieber mag ich die lautlose Luft deiner Lungen
eng verwandt mit den grünen Blättern.
Die Waben der Alveolen
schicken dem Blut ihre rote Botschaft.

con la que penetraré al puño incansable de tu corazón
bomba de tiempo, recinto apocalíptico, mar rojo
donde en segundos el Universo se hace y deshace
Desde allí navegaré a tus manos explorando los círculos
las tensiones la curva arquitectura que da forma al abrazo.
Al llegar a tu cabeza me alejaré. Quiero que guarde su enigma;
las claves únicamente tuyas
que no me es dado descifrar
con savia de raíz
y para las cuales debo volver a la tierra
retornar a mi ser de mujer
y desde la distancia de la íngrima soledad humana
tenderte el puente de mis ojos.

So gelange ich endlich
in die rastlose Faust deines Herzens
Antrieb der Zeit, apokalyptischer Raum, rotes Meer
wo im Lauf der Sekunde
das Weltall entsteht und vergeht.
Danach führt mein Weg zu den Händen, ich erforsche
die Höhlung, die Spannung, die Architektur der Bögen
die der Umarmung Form gibt.
Beim Kopf halte ich ein. Er soll sein Geheimnis bewahren
nur dein ist der Schlüssel
mir ist es nicht gegeben, ihn zu lesen
mit dem Saft meiner Wurzeln.
Zu ihnen muß ich zurück zur Erde
zu meiner weiblichen Gestalt
doch über den Abgrund menschlicher Einsamkeit
baue ich dir die Brücke meiner Augen.

Sortilegio contra el frío

Te dije que hiciéramos el amor como felinos rugiendo
como pareja de libélulas copulando en el aire
como cebras, como venados. Todo es posible en esta noche fría
en que ululan los árboles y la casa es una nuez frágil
vadeando las enormes bocanadas del viento. Estamos solos
y sin embargo la soledad no existe. Si juntamos las manos
encenderemos el fuego imprescindible para vernos los ojos
brillantes del deseo. Tu piel me atrae con la gravedad de
todo el cosmos que afuera sufre su negra eternidad impenetrable.
Pretendamos que somos una nave sobre la tersa espalda del océano
y en el cuenco profundo de la madera, acomodémonos para el amor,
acurruquémonos y seamos otro nuevo elemento; una fusión de aire,
fuego y agua.

Zauber gegen die Kälte

Ich sagte: wir wollen uns lieben wie fauchende Katzen
wie ein Libellenpaar, das sich begattet im Wind
wie Zebras, wie Rotwild. Alles ist möglich in dieser kalten Nacht
in der die Bäume heulen und das Haus wie eine bebende Nuss
den riesigen Windstößen ausweicht. Wir sind allein
und doch gibt es die Einsamkeit nicht. Wenn wir die Hände
aneinanderlegen, entfachen wir gleich das nötige Feuer
um unsere Augen zu sehen, die glänzen vor Sehnsucht.
Deine Haut zieht mich an mit der Schwerkraft des Weltalls
das draußen seine schwarze unendliche Ewigkeit leidet.
Wir wollen ein Schiff sein auf dem glatten Rücken des Meeres
zur Liebe uns legen in die tiefe Schale des Holzes
uns verwandeln in ein neues Element: eine Verschmelzung
von Wasser, Feuer und Luft.

Zonas erógenas

Un sofá una golondrina la cola de un gato el fuego en la chimenea
la llave en la puerta el ojo el abrazo la noche ya noche el día
la lluvia el músculo tenso del brazo los biceps los triceps el hombro
que dobla la esquina el pecho que muestra sus oscuridades la luna en el
vaso el torso jadeando las piernas el parque la música arena en los
dedos aceite de coco en la espalda el espejo retrovisor la esquiva
mirada tras el menú el sorbete de chocolate la espuma la bañera
fragante las hierbas el campo una pradera solitaria los caballos
alzando los cascos la yegua huyendo de los córceles en celo el viento
los pechos el frío alzando las flores el polen los estornudos la nieve
el sol en el hielo los pinares ocultos y densos torres a lo lejos
las columnas templos los tuneles negros las alfombras persas los pies
ocultándose tras tristes esquinas los tranvías el metro el fugaz
encuentro de los transeúntes altos edificios los ascensores de
confundido aliento roces los cuerpos cansados serenos yertos
la cita en silencio el dedo discando el número de teléfono el taxi la
ciudad y sus rótulos el taxi ventanas iluminadas que no se perciben
el aire por la ventana el ascenso la puerta que se abre el paso dentro
de la casa los cubos de hielo la voz el vestido el beso la mano en el
cuello el botón que cede la seda que roza las manos la cama la almohada
la sábana tersa la luz que se apaga.

Erogene Zonen

Ein Sofa eine Schwalbe der Schwanz einer Katze das Feuer im Kamin
der Schlüssel in der Tür das Auge die Umarmung die Nacht schon
Nacht der Tag der Regen der gespannte Muskel des Arms Bizeps
Trizeps die Schulter die um die Ecke biegt die Brust die ihre Dunkelheit
zeigt der Mond im Glas der keuchende Körper Beine der Park die
Musik Sand zwischen den Zehen Kokosöl auf dem Rücken der
Rückspiegel der spröde Blick hinter der Speisekarte Schokoladeneis
Schaum die duftende Badewanne die Kräuter das Land eine einsame
Wiese die erhobenen Hufe der Pferde die Stute auf der Flucht vor den
brünstigen Hengsten der Wind die Brüste die steigende Kälte die
Blumen die Pollen das Niesen der Schnee die Sonne auf dem Eis
versteckte Pinienwälder und dicke Türme in der Ferne die Säulen
Tempel die schwarzen Tunnel die Perserteppiche die hinter traurigen
Ecken verborgenen Füße die Straßenbahnen die Untergrundbahn die
flüchtige Begegnung der Passanten hohe Gebäude Aufzüge mit
vermischtem Atem die leichte Berührung die müden stillstarren
Körper die schweigende Verabredung der Finger in der Telefonscheibe
die Taxe die Stadt und ihre Leuchtreklamen die Taxe erleuchtete
Fenster die man nicht wahrnimmt der Luftzug der Aufstieg die sich
öffnende Tür die Schritte im Haus die Eiswürfel die Stimme das
Kleid der Kuß die Hand auf dem Hals der nachgebende Knopf die
Seide an den Händen das Bett das Kissen das glatte Laken das
verlöschende Licht.

Profunda piel

„tu más profunda piel"
Julio Cortázar

Del diente al labio
Del labio al labio más profundo
Húmedas caracolas sabor a mar
Aliento sobre erizos negros encrespados
Cuevas y grutas protegidas del salobre viento
Boca que toma agua salada y estrellas
Abiertos picos
Estremecidos centros acuáticos
Temblores de las grandes plataformas submarinas
Debajo del agua los hipocampos saltarines
gimen el caos de los maremotos
Grutas se abren
Espacios ignotos sueltan su lenguaje
de fluídos marinos
Huele a mar, Dios mío, las olas revientan
los labios se hunden en la caracola esquiva
que se entrega impúdica.

Tiefe Haut

„deine tiefste Haut“
Julio Cortázar

Vom Zahn zur Lippe
Von der Lippe zur tieferen Lippe
Feuchte Muschel duftendes Meer
Atem auf schwarzen gekräuselten Stacheln
Höhlen und Grotten geschützt vor dem Wind
Mund schlürft Sterne und salziges Naß
Offene Gipfel
Zitternde Ringe auf wogenden Wassern
In der Tiefe
wimmern Seepferdchen hüpfend und springend
im Chaos der bebenden Meere
Grotten öffnen sich
Versteckte Räume ergießen ihre Sprache
flüssigen Stammelns
Es riecht nach Meer, oh mein Gott, nach brechenden Wellen
die Lippe taucht ein in die scheue Muschel
die schamlos sich öffnet.

Poema en abril

El poema agazapado en mi vientre
lo he sentido venir como un largo orgasmo sostenido.

Lo he sentido quedarse miedoso, temblándome en los dedos,
angustiado sin poder nacer.

He querido tocar la tierra,
devolverlo a la Naturaleza que lo engendró,
pero los días han estado secos,
el sol ha agrietado y endurecido la cara de la Madre.

Debo esperar que venga la humedad,
la suave porosidad de la lluvia,
para sembrar mi poema,
para que mi poema fructifique.

Gedicht im April

Ein Gedicht, gebeugt in meinem Bauch
ich spürte es kommen wie einen langen Orgasmus.

Ich sah es zittern in meinen Fingern
voll Sehnsucht, geboren zu werden.

Ich wollte die Erde berühren
zurückgeben an die Natur, was sie zeugte
doch die Tage waren trocken
die Sonne zerfurchte das Antlitz der Mutter.

Auf den Regen muß ich warten
auf die sanfte lockernde Nässe
dann will ich den Samen säen
hoffend auf Frucht.

Vivo

> Ah! Que viva largamente este poder
> de Diosa
> que a rebato suelta hoy campanas
> en mi sangre.

Como un árbol hembra
potente, extensa
hermosa
así me siento.
Ya no mujer jóven
sino mujer rotunda.

Mis deseos ya no intuiciones
sino certezas.
Conozco mi cuerpo y sus peripecias
las amapolas oscuras
la tensión en el vientre
Hace tiempo ya que florezco entre la espuma
bendita por el amor abundante
el semen generoso
La vida intensa a diario me convence
de lo efímero de las derrotas
La energía en la sangre
me hermana a los caballos arqueando los lomos
retumbando sus cascos en las colinas de la tarde
copulando en los bosques frondosos
El poder de mis hormonas brota en mis ojos
y sosprende a los transeúntes hoscos
Con el trópico en el pelo
reto a las angustias y a las sirenas deprimidas
reto a los rascacielos y al estreñimiento de los oficinistas
saliendo con sus corbatas rígidas como topos de sus cuevas

Ich lebe

Ah! Lang währe die Macht
der Göttin
die heute Sturmglocken anschlägt
in meinem Blut.

Wie ein weiblicher Baum
mächtig, ausladend
herrlich
so fühle ich mich.
Eine Frau, nicht mehr jung
sondern ganz.
Meine Wünsche nicht mehr Ahnungen
sondern Gewißheiten.
Ich kenne meinen Körper und seine Wandlungen
den dunklen Mohn
das Ziehen im Bauch.
Schon lange erblühe ich im Schaum
gesegnet von üppiger Liebe
verschwenderischem Samen.
Das lebendige Leben überzeugt mich jeden Tag
von der Nichtigkeit der Niederlagen.
Die Kraft meines Blutes
macht mich den Pferden verwandt
die aufbäumend sich in laubreichen Wäldern begatten
dröhnend ihre Hufe auf den Hügeln des Abends.
Die Macht meiner Hormone bricht aus meinen Augen
und verstört die murrenden Passanten.
Mit den Tropen im Haar
fordere ich Mißmut und verzagte Sirenen heraus
reize ich Hochhäuser und verstopfte Beamte mit strengen Krawatten
blind wie Maulwürfe in ihrem Bau.

Ando las calles sonriendo a las diosas interiores
que danzan en círculos sobre mi corazón
descalzas, desnudas
Nadie adivina bajo mi cuerpo de bacante vestida
esta vendimia de gozo
conque mi sangre en tropeles y retumbos
bendice tenaz el sol perpendicular
la orgía perenne de la vida.

Ich gehe durch die Straßen und lächle den inneren Göttinnen zu
die im Kreis auf meinem Herzen tanzen
barfüßig, nackt.
Niemand ahnt in meinem Körper einer bekleideten Bacchantin
diese Weinlese der Lust
mit der mein Blut rastlos und dröhnend
beharrlich die senkrechte Sonne segnet
die immerwährende Orgie des Lebens.

Inhalt

Die Deutsche Bibliothek – CIP-Einheitsaufnahme
Belli, Gioconda:
Zauber gegen die Kälte: erotische Gedichte / Gioconda Belli.
Aus dem nicaraguanischen Span. von Anneliese Schwarzer. –
3. Aufl. – Wuppertal: Hammer, 1995
ISBN 3-87294-474-6

Lektorat: Max Christian Graeff
Gestaltung: Wolf Erlbruch
Gesetzt in der Garamont Amsterdam
Satz: Satz und Druck Contzen / Lünen
Herstellung: Clausen & Bosse, Leck